LE

CHANSONNIER BACHIQUE

DE L'AMOUR

ET DE LA FOLIE.

LE CHANSONNIER BACHIQUE DE L'AMOUR ET DE LA FOLIE,

OU

RECUEIL DE CHANSONS,

RONDES DE TABLES, POTS-POURRIS, COUPLETS POUR NOCES, etc., etc.;

PAR UNE SOCIÉTÉ DE BONS VIVANS, TANT ANCIENS QUE MODERNES.

PARIS,

A LA LIBRAIRIE DE H. VAUQUELIN,
Quai des Grands-Augustins, N°. 11.

L'AMOUR PASTORAL.

AIR : *Heureux qui dans sa maisonnette !*

Vous qui sous de rians ombrages,
Goûtez les faveurs du printems,
Et qui par de tendres accens,
Charmez les hôtes des bocages ;
Heureux bergers, quand vos troupeaux
Paissent la naissante verdure.
L'Amour au son de vos pipeaux,
Célèbre (*bis.*) la nature.

Auprès d'une simple bergère,
Qu'embellissent les fleurs des champs,
Que vous passez d'heureux instans
Assis sur un lit de fougère !
Comme de tendres tourtereaux,
Dont la flamme en baisers s'épure,
Vous savez, jeune pastoureaux,
Célébrer (*bis.*) la nature.

Le sein qui de plaisir palpite,
Mais que décore la pudeur,
En tremblant, presse avec ardeur
Le sein qui le presse et l'agite :
Les sens déja sont confondus,
Le cœur triomphe sans murmure;
Des soupirs les accens confus
Célèbrent (*bis.*) la nature.

Le feu divin qui nous embrâse,
Allume de nouveaux désirs;
Toujours par de nouveaux plaisirs
Se prol nge une douce extase :
L'Amour épuise son carquois,
Sans jamais devenir parjure,
Et les doux accens de sa voix
Célèbrent (*bis.*) la nature.

Lorsque du sommet des montagnes,
L'ombre descend dans les vallons,
Vos chiens ramènent vos moutons
Près de vos aimables compagnes :
Des champs vous quittez le séjour
Avec la gaîté la plus pure,
Et revenez au point du jour,
Célébrer (*bis.*) la nature.

M. Ch. de Conclois.

LA BOUTEILLE.

AIR *de la Parole.*

D'UN sujet qui n'est pas nouveau
Je régale mon auditoire ;
Je l'ai puisé dans mon caveau,
On devine qu'il fera boire.
Pour dissiper le noir chagrin,
Flore, il vaut mieux que ta corbeille ;
Mes amis, s'il vous met en train,
Vous répéterez mon refrain,
Car je vais chanter (*bis.*) *la bouteille.* (*bis.*)

A l'ambition, à l'orgueil,
Je n'adresse point mon hommage ;
Je connais le funeste écueil
Que l'on trouve sur leur passage :
Ma déesse est la Volupté,
Et je préfère sous la treille,
Au sceptre de la royauté,
Pour aiguillonner la beauté,
Tenir dans ma main (*bis.*) *la bouteille.* (*bis.*)

Jadis aux loix de Cupidon
Mes désirs n'étaient point rebelles,
Le lutin m'avait fait un don
Qui me faisait chérir des belles.
Dans mon cœur s'éteignent ses feux,
Les ans me font baisser l'oreille.
Au tems qui blanchit mes cheveux,
Envain j'adresserais mes vœux :
J'ai pour seul recours (*bis.*) *la bouteille.* (*bis.*)

Quand je la vois pleine de vin,
De plaisir mon âme est ravie;
Je crois que ce nectar divin
Peut encore alonger la vie :
Des verres quand j'entends le choc,
Dans mon cœur l'amour se réveille :
Si je vidais un petit broc,
Le chapon redeviendrait coq;
Mais vidons d'abord (*bis.*) *la bouteille.* (*bis.*)

Pour séduire Erigone, un jour,
Empruntant la métamorphose,
Bacchus fit le plus joli tour,
Mais Ovide en tait quelque chose.
De ce fait, moi, je suis certain :
Il est constant que sous la treille,

Lorsque Bacchus se fit raisin,
Et qu'il voulut devenir vin,
Erigone était (*bis.*) *la bouteille.* (*bis.*)

Oh, que la bouteille a d'attraits!
Oh, que la bouteille a de charmes!
Admirant chacun de ses traits,
A son ventre je rends les armes!
C'est là qu'est le dépôt sacré,
Plus doux que le miel de l'abeille :
Baisons ce goulot vénéré!
Que chaque instant soit consacré
A bien célébrer (*bis.*) *la bouteille.* (*bis.*)

M. Pierre Colau.

LES MARIONNETTES.

Air : *En revenant de Saint-Denis.*

Je vois mille et mille amateurs
Chanter et vanter, dans la ville,
Les chansons des joyeux auteurs
De l'aimable et gai Vaudeville;

Moi, pour contraster avec eux,
Je crois ne pouvoir faire mieux
Que de chanter, sans interprêtes,
La chanson des *Marionnettes*.

Les *Marionnettes* chez nous
Depuis très-longtems sont en vogue;
Philosophes, sages et foux,
Le médecin et l'astrologue,
Huissiers, procureurs, avocats,
Vous êtes dans le même cas;
Et quoi que vous soyez honnêtes,
Vous jouez les *Marionnettes*.

Jadis à la cour de Cypris
L'Amour jouait la tragédie,
Puis avec les Jeux et les Ris
Il a joué la comédie;
Changeant de manière et de ton,
Aujourd'hui le dieu Cupidon,
Aux belles contant des sornettes,
Fait jouer les *Marionnettes*.

Amans qui devenez époux,
Jeunes filles qui voulez plaire,
Grisettes, d'un vieillard jaloux,
Qui trompez l'œil octogénaire;

Galans, auprès de la beauté,
Qui feignez la sincérité,
Adroites et jeunes coquettes,
Vous jouez les *Marionnettes*.

N'aguère on vit plus d'un valet
Prendre la place de son maître;
On mesura ce qu'il valait,
Au pied bien mieux qu'avec le mètre.
O vous! qui mesurez les gens,
Aujourd'hui soyez indulgens,
Et surtout mettez des lunettes
Pour jouer les *Marionnettes*.

Vivent Molière et les auteurs
Morts au service de Thalie!
Des Français vivent les acteurs!
Vive la bonne comédie!
Mais allez-vous aux boulevards
Voir ces mélodrames bâtards,
Regardez avec vos lorgnettes,
Vous verrez...... des *Marionnettes*.

Quand je descendrai chez Caron,
Qui doit me passer dans sa barque,
Je traverserai l'Achéron,
Et j'irai voir le noir monarque:

Je viens, dirai-je à Lucifer,
Je viens pour égayer l'Enfer,
Car mes farces, là haut sont faites;
J'ai joué les *Marionnettes.*

M. J. L. Cadot.

L'AMOUR ET BACCHUS

OU

LE VRAI BONHEUR.

Air : *A voyager passant sa vie.*

Les plus grands plaisirs sur la terre
Sont de boire et faire l'amour;
Je donne la nuit à Glicère,
A Bacchus je donne le jour :
Quand je suis avec ma maîtresse,
Le plaisir me transporte aux cieux;
Par sa liqueur enchanteresse,
Bacchus met le comble à mes vœux. (*bis.*)

Je passe une vie agréable
En partageant ces deux plaisirs :
Belle maîtresse et bonne table
Savent charmer tous mes desirs.
La politique ni la guerre
Jamais n'altèrent mon bonheur ;
Je ne me bats qu'à coups de verre,
Et je reste toujours vainqueur.

Que j'ai de plaisir sous la treille,
En chantant l'Amour et Bacchus ;
D'une main tenant la bouteille
Je m'enivre de son doux jus ;
Mais le soir l'Amour qui me guette,
Me rappelle un doux souvenir,
Et dans les bras de ma brunette,
Mon cœur et le sien vont s'unir.

Si ma Glicère me chagrine,
Je me console avec le vin ;
Toujours cette liqueur divine
De mon cœur bannit le chagrin ;
Mais l'Amour au sein de ma belle,
Ranimant le feu le plus beau,
Vient terminer notre querelle
Par un plaisir toujours nouveau.

O divinités que j'adore!
Divin Bacchus! puissant Amour!
Longtems je voudrais vivre encore
Pour vous encenser tour-à-tour:
Mais quand la parque inéxorable
Tranchera le fil de mes jours,
Je voudrais que ce fût à table
Ou bien dans les bras des amours.

Par M. N. G. Vitry.

LA MOUTARDE APRÈS DINER,

Vaudeville-proverbe.

Air : *Si Dorilas n'en parlait guère.*

Chaque mortel a sa manie,
Et fronde tout ce qui lui plaît;
Les proverbes sont ma folie,
J'en ai toujours quelqu'un de prêt. (*bis.*
Des satiriques la séquelle
Viendrait en vain me condamner;
Je vais chanter ce qu'on appelle
De la Moutarde après dîner.

La gloire n'est qu'une fumée
Dont s'énivrent les grands esprits;
Avec elle la Renommée
Récompense ses favoris ;
Mais si la fantasque immortelle
Trop tard, hélas! vient les prôner,
Oh! c'est alors ce qu'on appelle
De la Moutarde après diner.

Ayant d'un amour trop volage
Suivi les perfides leçons,
Cléon, dans l'été de son âge,
Du triste hiver sent les glaçons:
A prendre femme jeune et belle
Il vient de se déterminer ;
Pour lui voilà ce qu'on appelle
De la Moutarde après diner.

De ce dieu dont l'unique étude
Est de séduire la beauté,
L'aimable et sensible Gertrude
Connut un jour la fausseté.
Amour trompeur! à toi, dît-elle,
Je ne veux plus m'abandonner :
C'est encor là ce qu'on appelle
De la Moutarde après diner.

À l'âge où brille la jeunesse,
Suivons la route du plaisir;
Sagement dans notre vieillesse
Contentons-nous du souvenir :
Cette morale est naturelle,
Par elle il faut se gouverner.
Ne prenons point ce qu'on appelle.
De la Moutarde après dîner.

M. CAMERLINCK.

CHANSON DE TABLE.

AIR : *Aussitôt que la lumière.*

BRILLANT père de la rime
Qu'on invoque à l'unisson,
Je quitte la douce cîme,
Bacchus est mon Apollon.
Je me ris du moraliste
Qui veut passer pour docteur,
Peut-on être bon artiste
Sans devenir bon buveur?

Si je savais l'art de peindre
Comme *Rubens* ou *Poussin*,
Je voudrais tracer sans feindre
Les charmes du dieu du vin :
Dans le jus de ma feuillette
Je tremperais mon pinceau,
Et je ferais ma palette
De la douve d'un tonneau.

Grands despotes de la terre,
Ne troublez plus mon repos :
Loin de vous je fais la guerre
Entre la pipe et les pôts.
Les plus brillantes conquêtes
Font redouter les vainqueurs:
Vénus fait tourner les têtes,
Bacchus réjouit les cœurs.

Qu'en Olympe Jupin gronde,
Sans envier son destin,
Je suis souverain du monde,
Quand je bois soir et matin :
D'un tonneau je fais ma bière
Dans le fond de mon caveau,
Et je prends pour cimetière
Le vignoble le plus beau.

Quand la Parque au faux sourire
Viendra pour trancher mes jours,
Aux princes du noir empire
J'adresserai ce discours :
Tu vois aux royaumes sombres
Grégoire en dépit du sort;
Il vient défier les ombres
A qui boira le plus fort.

Plus courageux que Thésée,
Pour couronner mon défi,
Je veux, près de l'Elysée,
Tarir le fleuve d'Oubli.
En traversant le Ténare,
Pour faire enrager Caron,
J'avalerai le Tartare,
A la barbe de Caron.

M. Desrais.

TOUT A BACCHUS.

Air : *Gaîment je m'accommode de tout.*

Harpagon importune
Les Dieux,

Et porte à la fortune
Ses vœux ;
Qu'il fatigue sans cesse
Plutus,
Je chante avec yvresse
Bacchus.

Je ne suis pas d'un riche
Jaloux,
Son palais sert de niche
Aux foux.
Vrai sage, j'ai pour frère
Momus,
Et pour ami sincère
Bacchus.

Par méprise, Grégoire
Allait
Avaler l'ondre noire
D'un trait ;
A la mort s'il échappe,
Motus.
Il prit pour Esculape
Bacchus.

Ce Ramponeau qu'éveille
Le vin,
Caresse sous la treille
Catin.
Un seul jour s'il implore
Vénus,
Pour la vie il adore
Bacchus.

Vainqueurs, donnez au monde
Vos lois;
Pour vous quand l'airain gronde
Je bois.
Dégustant de ma tonne
Le jus,
Je préfère à Bellonne
Bacchus.

M. A. M. J. P. DE VERCEIL.

LES QUATRE SAISONS,

RONDE.

Air *du Vaudeville du Pont-Neuf.*

Tour-a-tour ma bergère,
Tour-à-tour mon flacon;
De roses et de lierre
J'aime à ceindre mon front. (*ter.*)

Vois-je une belle qui sommeille,
Et qui soupire le désir,
Je cours sur sa bouche vermeille
Déposer la fleur du plaisir.
Tour-à-tour ma bergère, etc.

Si je suis loin de ma campagne,
Ou si j'éprouve qnelqu'ennui,
J'ai recours au vin de Champagne,
Et je me console avec lui.
Tour-à-tour ma bergère, etc.

J'entends résonner la musette,
Vîte sous l'ormeau je me rends;
J'y trouve gentille brunette,
Et tous d'eux nous voilà dansans.
Tour-à-tour ma bergère, etc.

Déja paraît la violette,
Et du printems c'est le retour;
D'une belle la collerette
Aura ce gage de l'amour.
Tour-à-tour ma bergère, etc.

En été je crois salutaire
De courtiser peu le tendron;
Alors en main je prends le verre:
C'est le plaisir de la saison.
Tour-à-tour ma bergère, etc.

Quand vient le tems de la vendange,
Tous les jours je suis au pressoir;
Le vin coule là, sans mélange:
C'est ainsi que j'aime à le voir.
Tour-à-tour ma bergère, etc.

L'hiver je vais à la veillée,
Par une joyeuse chanson
J'y tiens la fillette éveillée
Et mets en bon train le garçon.

Tour-à-tour ma bergère,
Tour-à-tour mon flacon;
De roses et de lierre
J'aime à ceindre mon front. (ter.)

Feu M. Caron (du Vaudeville).

LA FÉLICITÉ DES BERGERS.

Air : *C'est à mon maître en l'art de plaire.*

Doux charme de notre existence!
Femmes que j'aimerai toujours,
Embelli de votre présence,
Ce lieu devient cher aux amours.
Sur le front de chaque bergère,
J'aperçois le sceau du bonheur,
Et du charmant Dieu de Cythère
Je vois le sourire enchanteur.

En voyant notre bergerie,
Où brillent les plus belles fleurs,
Du beau jardin de l'Hespérie,
Je crois respirer les odeurs.

Les parfums que produit la terre,
Belles, vous les exhalez tous,
Et je me crois dans un parterre,
Quand je suis au milieu de vous.

Jamais, pour chanter les bergères
Et les doux plaisirs du hameau,
Notre savante Deshoulières
Ne vit un plus riant tableau !
Ici, près de l'objet qu'il aime,
Chacun goûte la volupté;
Enfin, dans un autre soi-même,
Chacun voit la félicité.

Par le berger ENDYMION. (M. MARTEAU.)

L'AGE D'OR.

AIR : *Il est trop tard.*

DE l'âge d'or, pour goûter le délice,
Du bon Janus il faudrait la candeur :
La bonne foi, la bonté, la justice,
Chez les Latins faisaient le vrai bonheur,
De l'âge d'or.

De l'âge d'or, hélas ! les jours prospères
Sont éclipsés ainsi que leurs douceurs :
Vain souvenir du bonheur de nos pères !
Euterpe seule offre ici les faveurs
De l'âge d'or.

De l'âge d'or ramène, belle Astrée,
Les jours heureux, les innocentes mœurs!
Descends des cieux, immortelle adorée!
A ton aspect reparaîtront les fleurs
De l'âge d'or.

De l'âge d'or, ah ! je revois l'image,
Lorsque je vois la fête des *Pasteurs :*
A la beauté chacun d'eux rend hommage,
En se livrant aux plaisirs enchanteurs
De l'âge d'or.

Par le berger NÉMORIN. (M. GOMAND.)

L'ORATEUR BACHIQUE.

AIR : *Aussitôt que la lumière.*

Au son de ma voix bachique,
Qu'ici bas le genre humain

Ait, pour toute politique,
Le seul amour du bon vin:
Je célèbre sa puissance,
Et, Démosthène nouveau,
Je veux, par mon éloquence,
Foudroyer les buveurs d'eau.

Dès que sur notre hémisphère
Paraît Phébus, rayonnant,
De pampres verts et de lierre,
Je me couronne gaîment.
Puis, folâtrant sous la treille
Avec Silène et Bacchus,
Je trouve dans la bouteille
L'heureux siècle de Janus.

Pour bien échauffer ma veine,
Rien ne vaut un bon flacon;
Mieux que les eaux d'Hypocrène,
Il m'applanit l'Hélicon;
Et quand je bois à la ronde,
De mes côteaux le doux jus,
Je me crois maître du monde
En chantant le dieu Bacchus.

La noire mélancolie
N'altère point mon bonheur;
Je vois s'écouler ma vie
Dans un délire enchanteur!

Lorsque la plus douce ivresse
Transporte mon âme aux cieux,
A table on me voit sans cesse
Boire le nectar des dieux.

M. VALENTIN jeune.

LES DÉLICES DU VIN.

AIR : *Prendre le tems comme il vient.*

CHANTONS vive le bon vin !
Buvons-le sans perdre haleine;
Que toujours ce jus divin,
Soit toujours l'eau d'Hypocrène;
Il dissipe le chagrin,
Electrise le génie,
C'est le flambeau de la vie : (*bis.*)
Est-il un plus beau refrain ?
Vive, vive le bon vin ! (*bis.*)

Sans ce jus délicieux
Je sens ma muse engourdie;

Mais Bacchus comble mes vœux
Auprès de ma douce amie.
De l'Amour, ce dieu malin,
Le vin fait chanter la gloire;
Avec raison sachons boire,
Et répétons ce refrain:
Vive, vive le bon vin!

Mes deux plaisirs les plus doux
Sont l'amour et la bouteille;
Jamais le bruit des glouglous
Ne peut choquer mon oreille.
Lorsque j'ai le verre en main
Il me tient lieu d'une lyre;
Avec lui, Phébus m'inspire:
Aussi, j'aime ce refrain:
Vive, vive le bon vin!

M. Neveux fils.

IL NE FAUT PAS DIRE : FONTAINE, JE NE BOIRAI PAS DE TON EAU.

Air: *Je loge au quatrième étage.*

J'avais juré que le village
N'aurait point de part à mes chants

Changeant de goût et de langage,
Aujourd'hui je chante les champs. (*bis.*)
Sur les bords fleuris de la Seine,
Avec vous, je prends le pipeau.
On ne doit pas dire : *Fontaine*, (*)
Je ne boirai pas de ton eau.

Sur la plus légère faiblesse
La prude Arsène aime à gloser,
Et prétend que sur sa sagesse,
Son mari peut se reposer. (*bis.*)
Un jour, elle est chez Dorimène,
Prise *in flagrante delicto*. . . .
On ne doit pas dire : *Fontaine*,
Je ne boirai pas de ton eau.

Le vin, dit l'ivrogne Pancrace,
Sera mon unique boisson ;
Tout à coup, la soif le tracasse,
Et près de lui pas un bouchon. (*bis.*)
Il voit une source bien saine,
Il y puise avec son chapeau. . . .
On ne doit pas dire : *Fontaine*,
Je ne boirai pas de ton eau.

(*) Il buvait alors avec les bergers de Syracuse, à la fontaine *Aréthuse*, dans les bocages de Belleville.

Duval dit que la médecine
Est un art vraiment assassin,
Et que si la mort le lutine
Il ne veut pas de médecin. (*bis.*)
Un frisson le surprend à peine,
Vîte, il fait appeler *Ducleau*; (*)
On ne doit pas dire : *Fontaine*,
Je ne boirai pas de ton eau.

Doricourt dit que les bergères
Ne possèdent rien de flatteur;
Bientôt, par leurs grâces légères,
Les nôtres captivent son cœur; (*bis.*)
Il suit le torrent qui l'entraîne
Vers les cabanes du hameau :
Il ne faut pas dire : *Fontaine*,
Je ne boirai pas de ton eau.

Disciples du tendre Virgile,
Qui soupirez de jolis vers;
Bergers, aux champs comme à la ville,
On connaît vos exploits divers (*bis.*)

(*) Médecin.

Chacun de vous, à l'Hypocrène
Peut humecter son chalumeau ;
Ici, je puis dire : *Fontaine*,
Je ne boirai pas de ton eau.

Feu M. Joseph Bancet.

LE CITADIN AU HAMEAU.

Air : *Ce mouchoir, belle Raimonde.*

Las du tracas de la ville,
Amis, je viens en ces lieux
Chercher un champêtre asile,
Entendre un refrain joyeux :
Ma muse est sûre d'avance,
D'honorer peu vos vergers ;
Mais on trouve l'indulgence
Au hameau, chez des Bergers.

Vous chantez le vin, les belles ;
J'aime Bacchus et l'Amour :
A ces Dieux soyons fidèles,
Encensons-les tour-à-tour.

Quand la beauté, sous la treille,
Près de nous vient se ranger,
Le tintin de la bouteille
Sonne l'heure du berger.

A bien jouir de la vie
Sachons passer nos instans;
Quand la mort nous l'a ravie
On sait que c'est pour longtemps;
Le monarque sur son trône,
Ainsi que nous doit songer
Que la cruelle moissonne
Le roi comme le berger.

Feu M. Cousselles.

J'ÉTAIS HEUREUX.

Air : *C'est un bonheur.*

J'Étais heureux à ce tems d'innocence
Où de l'amour on ne craint pas les feux.
Je vous regrette, ô jours de mon enfance!
J'étais heureux.

J'étais heureux à ce tems de féeries,
Où l'on ne fait que songes amoureux ;
Reviendrez-vous, ô douces rêveries !
J'étais heureux !

J'étais heureux, à ce tems d'espérance,
Où ma Zulmé souriait à mes vœux.
Simples désirs sont déja jouissance !
J'étais heureux !

J'étais heureux, à ce tems de délire,
Toujours charmant, toujours bien orageux,
Où tant aimé, je n'avais qu'à le dire.
J'étais heureux.

Pour être heureux, ami de la constance,
Fuis de Zulmé les regards dangereux,
Ou tu diras : dans mon indépendance,
J'étais heureux !

M. Boucher.

IL FAUT TOUJOURS ÊTRE DEUX.

Air *du Vaudeville de Figaro.*

En le plaçant sur la terre,
De l'homme, le créateur,

Pour embellir la carrière,
Fit la reine de son cœur:
Il prouva, la chose est claire,
Qu'ici bas, pour être heureux,
Il faut toujours être deux. (*bis.*)

La plaintive tourterelle,
Par son doux roucoulement,
Dans sa solitude, appelle
Au plaisir son tendre amant:
Ainsi, nous voyons par elle
Qu'ici-bas, pour être heureux,
Il faut toujours être deux. (*bis.*)

L'AMOUR ARTISAN.

AIR *des Visitandines.*

CUPIDON, un jour, eut envie
D'exercer un double métier;
Il se fit, par son industrie,
Et *cordonnier* et *chapellier*:
De son procédé, la bonne âme
Sut tirer un si bon parti,
Qu'il coiffait toujours le mari,
Chaque fois qu'il chaussait la femme.

L'AMOUR ET LA GLOIRE,

OU

GABRIELLE ET HENRI.

AIR *des adieux de Charles VII à Agnès Sorel.*

FIERS guerriers qui dressez des temples
A l'honneur comme à la beauté ;
O vous, qui donnez tant d'exemples
De bravoure et d'urbanité !
Enfans de l'amour, de la gloire,
Pour citer un couple chéri,
Tout Français garde la mémoire
De *Gabrielle* et de *Henri.*

Gabrielle était vive et tendre ;
Henri brave, ardent, amoureux.
D'abord leurs cœurs durent s'entendre ;
L'un et l'autre étaient généreux.
Enfans de l'amour, de la gloire,
Pour citer un couple chéri,

Tout Français garde la mémoire
De *Gabrielle* et de *Henri.*

C'est en adorant la plus belle,
Qu'on a vu le plus grand des rois
Foudroyer la ligue rebelle
Qui voulait usurper ses droits:
Enfans de l'amour, de la gloire,
Pour citer un couple chéri,
Tout Français garde la mémoire
De *Gabrielle* et de *Henry.*

Ce bon Roi, plaignant sa démence,
Nourrissait son peuple séduit.
Quand l'amour porte à la clémence,
A la paix toujours il conduit.
Enfans de l'amour, de la gloire,
Pour citer un couple chéri,
Tout Francais garde la mémoire
De *Gabrielle* et de *Henry.*

L'amour inspire le courage,
L'amour inspire la gaîté;
De l'envie il contient la rage;
Il dompte la férocité.

Enfans de l'amour, de la gloire,
Pour citer un couple chéri,
Tout Français garde la mémoire
De *Gabrielle* et de *Henry*.

M. Pierre Colau.

TOUT TOURNE.

Air :

Quand on a bu la tête tourne,
A jeûn la tête tourne aussi,
A tout mortel la tête tourne,
Le sage nous le dit ainsi.
Et moi, quand la tête me tourne,
Sans m'en inquiéter je dis :
Heureux dont la tête ne tourne
Qu'à table, au sein de ses amis.

Qu'entre nous la bouteille tourne,
Et nous enivre à coups égaux ;

Qu'à la ronde son beau feu tourne,
Tourne et retourne nos cerveaux.
Puisque le meilleur esprit tourne,
A jeun même, tout de travers,
Peut-on, si le vin le retourne,
Craindre qu'il soit pis à l'envers?

Ce courtisan, dont l'esprit tourne,
Paraîtra sincère aux plus fins;
En vous caressant, il vous tourne,
Il vous fait aller à ses fins.
De sang froid même son cœur tourne,
Son cœur tourne tout de travers;
Peut-on, si le vin le retourne,
Craindre qu'il soit pis à l'envers.

Près de Philis la tête tourne;
Que je suis las de sa rigueur!
Grand Dieu du vin, qui les cœurs tourne,
Enivre-la de ta liqueur.
Elle en prend.... déjà son œil tourne,
Il tourne presque vers le mien!
Au vin, pour peu qu'elle retourne,
L'affaire va tourner à bien.

RONDE DE TABLE.

Air : *Lan farira dondaine, gué.*

Avec du jambon,
Aux champs, à la ville,
Un coup de Màcon
Rend le vaudeville,
Bon,
La farira dondaine,
Gai,
La farira dondé.

Le jus du flacon
Est toujours aimable;
Dans chaque saison
Il rend l'homme à table,
Bon,
La farira dondaine,
Gai,
La farira dondé.

Si d'Anacréon
Nous chantons la gloire,
C'est que ce luron

Fut toujours pour boire,
Bon,
La farira dondaine,
Gai,
La farira dondé.

Toujours Cupidon
Enfla sa musette,
Et chaque tendron
Trouva le poète,
Bon,
La farira dondaine,
Gai,
La farira dondé.

De cette chanson
En forme de ronde,
Heureux si le ton
Semble à tout le monde
Bon,
La farira dondaine,
Gai,
La farira dondé.

Pierre COLAU.

LA PHILOSOPHIE BACHIQUE.

Air : *J'aime mieux ma mie, ô gué !*

Bacchus, amis, vient d'ouvrir
Une belle école
Pour enseigner à loisir
L'art de la parole ?
De ce Dieu si consolant,
Venez apprendre en riant
La philosophie,
O gué !
La philosophie.

Pour ne point nous ennuyer,
Chacun sous la treille,
Au lieu d'un triste cahier,
Tiendra sa bouteille :
Avec de tels argumens
Nous saurons en peu de temps
La philosophie, etc.

Aristote, en son jargon,
Souvent déraisonne.

S'il confiait sa raison
Au Dieu de la tonne,
Son langage séducteur
Ferait germer dans le cœur
La philosophie, etc.

De Descartes nous rions
Et de son système.
Ma foi! dans ses tourbillons
Chacun de nous l'aime;
Je crois, quand il les a vus,
Qu'il faisait avec Bacchus
Sa philosophie, etc.

Mallebranche s'est trompé
Dans son gros volume :
Trouve-t-on la vérité
Au bout de sa plume ?
Dans le vin, va la chercher,
C'est là qu'aime à se cacher
Ma philosophie, etc.

Avec ses sensations
Condillac m'amuse,
Jamais en réflexions
Son esprit ne s'use;
Son livre paraît divin,

Je goûte, en buvant mon vin,
Sa philosophie, etc.

Il plaît par son air vermeil,
Notre vénérable, (*)
Et s'il n'a pas son pareil
Autour d'une table,
C'est qu'avec Bacchus toujours
Il aime à faire son cours
De philosophie, etc.

Aimable fils de Bacchus,
Fondateur sublime!
Ta morale et tes vertus
Méritent l'estime:
Tu charmes par ta douceur;
Tu seras mon professeur
De philosophie,
O gué!
De philosophie.

DE SANTERRE-DE-MAGNY.

(*) Le maître de la maison.

LE VRAI BUVEUR.

AIR *connu.*

AUSSITÔT que la lumière
A redoré nos côteaux,
Je commence ma carrière
Par visiter mes tonneaux.
Ravi de revoir l'Aurore,
Le verre en main, je lui dis :
Vois-tu sur la rive maure,
Plus qu'à mon nez de rubis?

Le plus grand roi de la terre,
Quand je suis dans un repas,
S'il me déclarait la guerre,
Ne m'épouvanterait pas.
A table rien ne m'étonne,
Et je pense, quand je bois,
Si là-haut Jupiter tonne,
Que c'est qu'il a peur de moi.

Si quelque jour, étant ivre,
La mort arrêtait mes pas,

Je ne voudrais pas revivre
Pour changer ce doux trépas ;
Je m'en irais dans l'Averne
Faire enivrer Alecton,
Et bâtir une taverne
Dans le manoir de Pluton.

Par ce nectar délectable,
Les démons étant vaincus,
Je ferais chanter au Diable
Les louanges de Bacchus ;
J'appaiserais de Tantale
La vive altération ;
Et sur la rive infernale,
Je ferais boire Ixion.

Au bout de la quarantaine,
Cent ivrognes m'ont promis
De venir, la tasse pleine,
Au gît où l'on m'aura mis ;
Pour y faire une hécatombe
Qui signale mon destin,
Ils arroseront ma tombe
De plus de cent brocs de vin.

De marbre ni de porphyre,
Qu'on ne fasse mon tombeau ;

Pour cercueil je ne desire
Que le contour d'un tonneau ;
Je veux qu'on peigne ma trogne,
Avec ces vers alentour :
Ci-gît le plus grand ivrogne
Qui jamais ait vu le jour.

ADAM (Maître).

A IRIS.

AIR *à faire.*

EN vain je bois pour calmer mes alarmes,
Et pour chanter l'amour qui m'a surpris:
Ce sont des armes
Pour mon Iris ;
Le vin fait oublier ses mépris,
Et m'entretient seulement de ses charmes.

LAFARE.

LES BONS AMIS.

Air : *Que ne suis-je la fougère.*

Que le plaisir nous enchante,
Qu'il soit l'âme du repas;
Que l'on boive, que l'on chante,
Oublions tous nos débats;
Avec ce jus délectable
Le chagrin n'est plus permis,
Et c'est toujours à la table
Que l'on devient bons amis.

C'est le moment du silence
Quand on sert les premiers plats,
On s'observe avec décence
Et l'on se parle tout bas;
L'entremets rend plus aimable;
Au dessert, on voit les ris;
Quand le dessert est sur table
On devient tous bons amis.

Dans un cercle, la saillie
Cause souvent du dépit;
La plus légère ironie
Est un vice de l'esprit:
Dans un repas agréable
Tous les bons mots sont permis;
La franchise règne à table,
On est toujours bons amis.

Que je sais de gens sévères,
Durs et brusques le matin,
Qui, le soir, au bruit des verres,
Ont un plaisir clandestin;
Leur humeur est plus affable,
Et, dans des soupers jolis,
Avec eux, l'amour à table
Les rend les meilleurs amis.

Allons, gai! cher camarade,
Je t'attends le verre en main;
Il faut boire une rasade
A la santé de Catin.
Si ta belle, peu traitable,
T'as causé de noirs soucis,
Morgué! fais-là mettre à table,
Vous deviendrez bons amis.

Blaise, barbier du village,
Pour humer un vin clairet,
Les soirs quitte son ménage
Et chopine au cabaret;
Sa moitié, qui fait le diable,
Va l'étourdir de ses cris;
Blaise la fait mettre à table
Ils en sortent bons amis.

FAVART.

ÉLOGE DE LA GOUTTE.

CHERS convives, joyeux auteurs,
De mon infirmité bachique,
Vous êtes des blasphémateurs
D'insulter à ma sciatique.
C'est un travail si glorieux,
Qu'il mérite un autel en Suisse;
A l'exemple du roi des Dieux,
Je porte Bacchus dans ma cuisse.

SÉNÈCE.

LE BUVEUR INTRÉPIDE.

AIR *à adapter.*

ÇA, qu'on me donne une bouteille
Pleine de ce vin qui réveille
Les esprits les plus languissans.
Le nectar lui cède la gloire,
Et les Dieux, pour en venir boire,
Se travestissent en passans.

Je demande, sur toutes choses,
Garçons, que les portes soient closes
A qui voudra parler à moi.
Loin d'ici factions et brigues;
Si la couronne a des intrigues,
Laissons-les au conseil des rois.

Mon ambitieuse espérance
D'un des premiers honneurs de France,
Ne demande pas le brevet.
Ma barque aura le vent en poupe,
Tant que le flacon et la coupe
Seront mes armes de chevet.

Quand un curieux me découvre
Les importans secrets du Louvre,
Je condamne son entretien.
De quelque façon qu'on gouverne,
Pourvû que j'aille à la taverne,
Il me semble que tout va bien.

Mon cœur est un cœur de femelle;
Mais dès que le fils de Sémèle
M'a suffisamment abreuvé,
Je crois qu'à mes faits héroïques,
Le plus hardi preux des chroniques
Doit céder le haut du pavé.

Mon orgueil bruit comme un tonnerre;
Il n'est point de roi sur la terre
A qui je ne fasse un défi.
A la fierté de mon langage,
Il semble que j'aie mis en cage
Le prêtre Jean et le Sophi.

Devant les gens dont la censure
Veut que l'on boive avec mesure,
Je disparais comme un lutin;
J'aime à trinquer la tasse pleine,
Et voudrais pouvoir d'une haleine
Humer Octobre et Saint-Martin.

Dès que la mort impitoyable
Aura de sa main effroyable,
Saisi ma vieillesse au collet,
Je veux qu'une vive peinture,
Embellisse ma sépulture
De l'image d'un gobelet.

MAYNARD.

L'HEUREUX CONVIVE.

AIR : *Ne v'la-t-il pas que j'aime.*

QUE l'on goûte ici de plaisirs!
Où pourrions-nous mieux être?
Tout y satisfait nos desirs,
Et tout les fait renaître.

N'est-ce pas ici le jardin
Où notre premier père
Trouvait sans cesse sous sa main
De quoi se satisfaire?

Ne sommes-nous pas encore mieux
Qu'Adam dans son bocage?

Il ne voyait que deux beaux yeux
J'en vois bien davantage.

Dans ce jardin délicieux
On voit aussi des pommes
Faites pour charmer tous les dieux,
Et damner tous les hommes.

Amis, en voyant tant d'appas,
Quels plaisirs sont les nôtres ?
Sans le pêché d'Adam, hélas !
Nous en verrions bien d'autres.

Il n'eut qu'une femme avec lui,
Encore c'était la sienne ;
Je vois ici celle d'autrui
Et n'y vois point la mienne.

Il buvait de l'eau tristement,
Auprès de sa compagne;
Nous autres, nous chantons gaîment,
En sablant le champagne.

Si l'on eut fait, dans un repas
Cette chère au bon-homme,
Le gourmand ne nous aurait pas
Damné pour une pomme.

Le duc DE NIVERNOIS.

BACCHUS,

HISTOIRE SUISSE.

Air : *Lampons, lampons.*

Pour Sémèle et Jupiter
Bacchus fut un fruit amer,
Car Sémèle en avorta,
Et Jupiter le porta
Pendant neuf mois dans sa cuisse,
Puis fut s'accoucher en Suisse.
Chantons, chantons,
Le dieu des treize cantons.

De Suisse en Franche-Comté,
Dans son dix-huitième été,
D'abord ce dieu s'en alla;
Mais il n'en resta pas là:
Il s'en fut droit en Bourgogne
Faire de bonne besogne.
Chantons, etc.

En faveur des Allemands
Il eut quelques bons momens;

Le jour qu'il fut le plus gai,
Il fit le vin de Tokai :
De loin maudissant la Brie,
Il bénissait la Hongrie.
Chantons, etc.

Sur ce père des buveurs
Vénus versa ses faveurs ;
Un jour cet amant divin,
Qui mêlait l'amour au vin,
Sur le revers d'une tonne,
Perça le cœur d'Érigone.
Chantons, etc.

Pour les femmes de sa cour,
Plus fort qu'Hercule en amour,
C'est en Suisse qu'il apprit
A leur contenter l'esprit ;
Dans l'Inde, avec Ariane,
Il fut tendre.... comme un âne.
Chantons, etc.

Dans une orgie, un beau soir,
Il montra bien son savoir :
L'on dit.... l'on fit plus, on crut
Qu'en une nuit seule il eut

Les façons les plus entrantes
Avec trente-trois Bacchantes,
  Chantons, chantons
Le Dieu des treize cantons.

COLLÉ.

LE BUVEUR SANS SOUCI.

AIR : *Eh! qu'est-c' qu'ça m'fait à moi?*

QUE digne enfant de Mégère,
Un vil Zoïle en fureur,
Déchire l'heureux vainqueur
Et de Sophocle et d'Homère:
Eh ! qu'est-c' qu'ça m'fait à moi?
J'aime, je lis mon Voltaire,
Eh ! qu'est-c' qu'ça fait à moi,
Quand je chante, et quand je boi?

Que Lise passe en caprices
L'esprit le plus à l'envers;
Qu'aux plus singuliers travers,
Chloé joigne tous les vices:

Eh ! qu'est-c' qu'ça m'fait à moi ?
Rosette ſait mes délices ;
Eh ! qu'est-ç' qu'ça m'fait à moi , etc.

Qu'un riche habit à la mode
Soit le passe-port d'un fat ;
Qu'un élégant magistrat
Des lois ignore le code :
Eh ! qu'est-c' qu'ça m'fait à moi ?
Moi , des plaideurs , l'antipode ;
Eh ! qu'est-c' qu'ça m'fait à moi , etc.

Qu'une conseillère aimable ,
Pour amie , ait pris Laïs ,
Que d'un tel écart surpris ,
Son mari la donne au diable :
Eh ! qu'est-c' qu'ça m'fait à moi ?
Chacun aime son semblable ;
Eh ! qu'est-c' qu'ça m'fait à moi , etc.

Qu'à trente ans , au fond de l'ame ,
Mainte fille à qui l'Hymen
Ne dira jamais : *amen* ,
Contre le siècle déclame :
Eh ! qu'est-c' qu'ça m'fait à moi ?
Je vis si joyeux sans femme ;
Eh ! qu'est-c' qu'ça me fait à moi , etc.

*

Que sur la scène divine,
Où six esprits immortels
Auront toujours des autels,
Le goût des drames domine :
Eh ! qu'est-c' qu'ça m'fait à moi?
J'y vois Molière et Racine,
Eh ! qu'est-c' qu'ça m'fait, etc.

Que tout claque *Gabrielle* (*)
Quand son cuisinier lui sert
Dans une sauce - Robert
Le cœur d'un amant fidèle :
Eh ! qu'est-c' qu'ça m'fait à moi?
Je siffle une horreur si belle,
Eh ! qu'est-c' qu'ça m'fait, etc.

Qu'un sot chez qui tout abonde
Soit partout chéri, fêté;
Qu'un astronome vanté,
En rêvant creux nous inonde :
Eh ! qu'est-c' qu'ça m'fait à moi?
Qu'un fou submerge le monde?
Eh ! qu'est-c' qu'ça m'fait, etc.

Que l'entretien de Fanchette
Coûte au vieux duc un mont d'or;

(*) *Gabrielle de Vergy*, drame de Dubelloy.

Que la fine mouche encor
Plume un Midas en cachette,
Eh ! qu'est-c' qu'ça m'fait à moi ?
L'amour m'a donné Rosette,
Eh ! qu'est-c' qu'ça m'fait, etc.

Qu'un éditeur que j'estime,
En recevant ma chanson,
Ou la brûle sans façon,
Ou dans son recueil l'imprime :
Eh ! qu'est-c' qu'ça m'fait à moi ?
Rosette la croit sublime,
Et qu'est-ce qu'ça m'fait à moi,
Quand je chante ou quand je boi ?

JOUISSONS DU TEMPS PRESENT.

Nous n'avons qu'un temps à vivre,
Amis, passons-le gaîment ;
De tout ce qui peut le suivre
N'ayons jamais aucun tourment.
A quoi sert d'apprendre l'histoire ?
N'est-ce pas la même partout ?
Apprenons seulement à boire,
Quand on sait bien boire on sait tout.
Nous n'avons, etc.

Qu'un tel soit général d'armée,
Que l'Anglais succombe sous lui,
Moi, qui vit bien sans renommée,
Je ne veux vaincre que l'ennui.
Nous n'avons, etc.

A courir sur terre et sur l'onde,
On perd trop de temps en chemin,
Faisons plutôt tourner le monde
Par l'effet de ce jus divin,
Nous n'avons, etc.

Qu'un savant, cherchant les planettes,
Occupe son plus beau loisir,
Je n'ai pas besoin de lunettes,
Pour appercevoir le plaisir.
Nous n'avons, etc.

Qu'un avide chimiste exhale
Sa fortune en cherchant de l'or,
J'ai ma pierre philosophale
Dans un cœur qui fait mon trésor.
Nous n'avons, etc.

Au grec, à l'hébreu, je renonce;
Ma maîtresse entend le français;

Sitôt qu'*à boire* je prononce,
Elle me verse du vin frais.
Nous n'avons, etc.

BONNEVAL.

CHANSON A BOIRE.

AIR *à faire*.

PHILOSOPHES rêveurs, qui pensez tout savoir,
Ennemis de Bacchus, rentrez dans le devoir :
Vos esprits s'en font trop accroire ;
Allez vieux fous, allez apprendre à boire.
On est savant quand on boit bien :
Qui ne sait boire ne sait rien.
S'il faut rire ou chanter au milieu d'un festin,
Un docteur est alors au bout de son latin :
Un buveur a toute la gloire.
Allez, vieux fous, allez apprendre à boire.
On est savant quand on boit bien :
Qui ne sait boire ne sait rien.

BOILEAU (à 17 ans).

PARODIE

de l'air Polonais *des Indes galantes.*

Fais commemoi,
Boi ;
Sois, Simon,
Mon
Second ;
Verse à nous
Tous ;
Fort bien:
Tien,
Vien,
Reçois ce coup de ma main,
Plein :
Sans être las,
J'en ai mis bas
Dans un banquet,
Sept.
Quoique vieux
Et goutteux,
Je bois mieux

Que jamais,
Mais
Avec moi
Boi,
Tope, toi;
Voi
Mon roi,
Voi
Mon sang-froid.
Êtes-vous, amis,
Déja gris?
L'un s'endort,
L'autre sort;
Tout d'abord
Est mort.
Quelle honte!
De mon tems,
Mes enfans,
On tenait table longtems:
Moi qui compte
Soixante ans,
Pauvres gens!
Je me sens
Moins vieux
Qu'eux..

Collé.

CHANSON A BOIRE.

AIR *à adapter.*

De Bacchus la veine est glacée.
Amis, la mode en est passée,
Moi, je veux la ressusciter.
En deux mots, voici mon histoire:
Je veux, si l'on me fait chanter,
Ne chanter que chansons à boire.

L'utile joint à l'agréable,
Je le trouve à chanter à table;
Car je tiens du docteur Isoif,
Qui vaut bien le docteur Grégoire,
Que chanter fait naître la soif,
Et c'est la soif qui nous fait boire.

Triste vertu que l'abstinence!
Nous n'en avons pas d'autre en France;
Chez ces buveurs trop circonspects,
Le pauvre amour languit sans gloire;
Cœurs et gosiers sont toujours secs;
On sait aimer quand on sait boire.

Nos aïeux étaient véridiques,
Nous sommes faux et politiques.
De l'homme on ne voit plus sortir
Que mensonge et trahison noire;
Il aimerait moins à mentir,
S'il aimait un peu plus à boire.

Après les travaux militaires,
Quand deux plénipotentaires
Veulent voir la guerre finir,
Ils ont beau signer leur grimoire,
Cet accord ne saurait tenir;
Ils se quittent toujours sans boire.

Jadis, par de saints hécatombes
Les Romains honoraient leurs tombes,
Dieu proscrivit ce culte vain.
Je n'ai pas de peine à le croire;
Leurs prêtres répandaient le vin!
Ne valait-il pas mieux le boire?

Dieu! quand viendra la fin du monde?
S'il faut que le ciel nous inonde,
Fais que ce soit de flots de vin!
L'eau pure ternirait ta gloire:
Et si le monde meurt enfin
Ne le fais pas mourir sans boire.

IMBERT.

L'ÉPICURIEN.

Air : *De tous les Capucins du monde.*

Je ne suis né ni roi, ni prince,
Je n'ai ni ville, ni province,
Ni presque rien de ce qu'ils ont;
Mais je suis plus content, peut-être,
Car, en n'étant pas ce qu'ils sont,
Je suis tout ce qu'ils veulent être.

En vain, sans ma philosophie,
L'homme, durant toute sa vie,
Biens sur biens accumulera;
Il faut, quoiqu'on en veuille dire,
Ne désirer que ce qu'on a
Pour avoir tout ce qu'on désire.

Non, je ne veux point de contrainte,
Ni pour Philis, ni pour ma pinte;
Je ne veux vivre que pour moi.
Je suis élève d'Épicure,
Mon tempérament fait ma loi,
Je n'obéis qu'à la nature.

Attribuée à Piron.

L'HOMME ACCOMMODANT.

Air : *Chantez, dansez, amusez-vous.*

Faut-il boire, faut-il aimer,
A tout de bon cœur je me livre;
Je me laisse aisément charmer,
Tout vin, toute beauté m'enivre.
L'homme difficile est un sot :
Trouver tout bon, c'est le bon lot.

Le Champagne est mon favori,
Sa mousse me plaît en mon verre;
Mais, au défaut de Silleri,
Je bois volontiers du Tonnerre.
L'homme difficile, etc.

Voulez-vous boire à petits coups?
Eh bien! soyons longtems à table;
Boire à grands coups vous semble doux,
Versez-m'en dix, et je les sable.
L'homme difficile, etc.

J'ai la même facilité
Dans tous les plaisirs de la vie :
Je prends ce qui m'est présenté;
C'est Chloé, si ce n'est Sylvie.
L'homme difficile, etc.

Veut-on jouer, nommez le jeu :
Tric-trac, échecs, piquet, quadrille;
Le choix m'en importe fort peu;
L'on me ferait jouer aux quilles.
L'homme difficile, etc.

Voulez-vous railler, disputer,
Vous pouvez choisir la matière;
Dieux et rois sont à respecter;
Liberté sur le reste entière.
L'homme difficile, etc.

J'ai peu de bien, j'en suis content,
A moins je prendrais patience;
S'il m'en venait trois fois autant,
Je me ferais à l'abondance.
L'homme difficile, etc.

Dans un seul cas il est permis
De se rendre plus difficile,
C'est dans le choix de ses amis;

Mais ce choix fait, soyez facile.
L'homme difficile est un sot,
Tronver tout bon, c'est le bon lot.

GRÉCOURT.

On prétend que le refrain de cette chanson a été changé en celui qui suit, par Crébillon fils.

Ne rien trouver à son goût,
C'est folie;
Il faut s'accommoder de tout
Dans la vie.

LA MODÉRATION.

AMIS je condamne l'usage.
De ceux qni mettent tous leurs soins
A voir dans un repas, qui boira davantage
Ou qui boira le moins;
Buvez tant que d'Iris vous perdiez la mémoire,
Vous gagnerez beaucoup;
Alors je vous permets de boire,
Pour célébrer votre victoire,
Encore un coup.

REGNARD.

*

L'HOTE AIMABLE.

AIR : *Monsieur le Prévôt des Marchands.*

MESSIEURS, chantez tous avec moi
Celui qui donne ici la loi;
Quand il sert de ce jus d'automne,
Son plaisir dans ses yeux se voit :
Il est charmé quand il en donne,
Il est charmant quand il en boit.

Quand il sable un nectar si doux,
Et qu'il nous en fait boire à tous,
A ce plaisir il s'abandonne;
Il en fait prendre, il en reçoit :
Il est charmé, etc.

Il verse de la même main
Ses bienfaits ainsi que son vin;
Et sa bonté tendre assaisonne
Les biens, le vin qu'on en reçoit :
Il est charmé, etc.

Aux plaisirs de la table il joint
Ceux dont je fais mon second point;

Au cœur d'une jeune personne
Par ce nectar il va tout droit :
Il est charmé, etc.

Par un salut universel
Célébrons cet heureux mortel ;
De nous en tout tems qu'il reçoive
Le joyeux tribut qu'on lui doit :
Il est charmé que l'on en boive ;
Il est charmant quand il en boit.

PANARD et COLLÉ.

COUPLET BACHIQUE.

VIVE le vin ! vive l'amour !
Amant et buveur tour-à-tour,
Je nargue la mélancolie :
Jamais les peines de la vie
Ne me coûtèrent de soupirs :
Avec l'Amour, je les change en plaisirs,
Avec le vin, je les oublie.

SÉDAINE.

LE VIN ET SES HEUREUX EFFETS.

Air : *Du Serin qui te fait envie.*

Le bon Noé planta la vigne,
Mais aussitôt qu'il en goûta
Il fut prit d'une ivresse insigne,
Et son vin le mit à *quia* ;
Il ne vit pas moins dans l'histoire
Pour le plus joli des présens ;
Aurait-il plus fait pour la gloire
S'il eût moins fait pour les vivans ?

De la trop austère sagesse
Le vin corrige la leçon ;
Des indifférens de la Grèce
Il humanisait la raison ;
Il débarasse la mémoire
Par l'entier oubli de nos maux,
Et souvent à force d'en boire,
D'un lâche, il peut faire un héros.

L'amour y peut noyer ses flammes,
Mais c'est l'affaire d'un moment ;

Le soir, on est grondé des femmes,
Le lendemain, c'est autrement.
Loth avait bu, nous dit l'histoire,
Et deux fois père en une nuit,
En soupant la veille sans boire
Se serait-il aiusi conduit.

Colette se plaint du veuvage,
Lucas ne fait presque plus rien :
Le mystère de son ménage
Depuis long-temps ne vas pas bien ;
C'est qu'elle a perdu la mémoire
Qu'à Lucas elle avait promis,
De hâter, en le faisant boire,
La sève des plaisire permis.

Nos aïeux, plus fins qu'on ne pense,
Par la vérité même instruits,
Ne crurent point à la science
Qui la logeait au fond d'un puits ;
Tandis qu'à l'ombre d'une treille
Ils buvaient ce jus bienfaiteur,
Le vraï, du fond de la bouteille,
Passait avec lui dans le cœur.

Les prêtres de l'idolâtrie
Allaient par un zèle divin,

En lugubre cérémonie,
Sur les morts répandre du vin ;
Les nôtres d'un coup d'aspersoire,
A peine nous jettent de l'eau :
Ils savent qu'en vie on peut boire,
Mais qu'on n'a plus soif au tombeau.

S'il faut que le ciel nous inonde
Pour détruire le genre humain,
Je voudrais voir un nouveau monde
Renaître dans des flots de vin ;
On ne verrait plus d'humeur noire
Sur le front de l'homme de bien ;
Mais s'il faut revivre sans boire,
J'aime la vie autant que rien.

THIRIOT.

TOUT PASSE.

TOUT passe, ami tout passe sur la terre,
Ce sont du ciel les ordres absolus ;
Tel qui voit du vin dans mon verre,
Dans un moment n'en verra plus.

PANARD.

LES DEUX MESURES.

Air : *Du Serin qui te fait envie.*

Philis est petite, mignone,
C'est ce qui m'invite à l'aimer ;
Jamais une grande personne
Ne saura si bien m'enflammer.
Le bon goût, qu'il faut toujours croire,
Me recommande chaque jour
La grande mesure pour boire,
Et la petite pour l'amour.

Une dame grande, est altière,
Pleine d'orgueil et de hauteur :
Elle regarde d'ordinaire
Chacun du haut de sa grandeur.
Pour vous épargner ce déboire,
Chers amis, prenez, tour-à-tour,
La grande mesure, etc.

Une gigantesque figure
N'est point du tout ce qu'il me faut ;

Je suis de moyenne stature
Et ne puis atteindre bien haut :
Par ce motif, il est notoire,
Que je dois prendre, tour-à-tour,
La grande mesure, etc.

Souvent dans la tendre carrière,
On voit broncher un corps trop grand ;
La taille petite et légère
Fait le chemin en se jouant :
Daignez donc à la fin m'en croire,
Et que chacun prenne à son tour
La grande mesure, etc.

Bien loin d'écouter l'inconstance,
Tant que sur terre on me verra,
Je penserai comme je pense,
Jamais mon goût ne changera :
J'aurai toujours dans la mémoire
Ce que je conseille en ce jour :
La grande mesure pour boire
Et la petite pour l'amour.

PANARD.

LE TINTIN DES VERRES.

AIR : *C'est un mirliton.*

A table carrée ou ronde,
Quand la gaîté me conduit,
Comme un autre, dans ce monde,
Je veux, pour faire du bruit,
Chanter le tintin,
Le tintin de nos verres ;
Chanter ce tintin
Divin.

Apollon, pour mon oreille,
N'a point de concert plus doux,
Sur-tout lorsque la bouteille
Fait précéder ses gloux-gloux.
Au joyeux tintin,
Au tintin de nos verres ;
Chantons ce tintin
Divin.

Que Damis verse des larmes
Pour une ingrate beauté ;

Qu'il sèche devant ses charmes,
Moi, je bois à sa santé;
Au joyeux tintin,
Au tintin de nos verres;
Chantons ce tintin
Divin.

Grapin meurt près de l'armoire
Qui renferme son trésor :
Ne respirant qne pour boire,
Je préfère, au son de l'or,
Le joyeux tintin,
Le tintin de nos verres;
Chantons ce tintin
Divin.

Sans m'informer si la rime
Doit s'unir à la raison,
Le seul talent que j'estime,
C'est d'accorder la chanson
Au joyeux tintin,
Au tintin de nos verres;
Chantons ce tintin
Divin.

Avec le dieu de la guerre,
Quand nos soldats invaincus,

Marchent au bruit du tonnerre,
Je manœuvre avec Bacchus
Au joyeux tintin,
Au tintin de nos verres;
Chantons ce tintin
Divin.

Des favoris de la gloire
J'aime beaucoup le renom;
Mais au temple de Mémoire
Je ne veux graver mon nom
Qu'au joyeux tintin,
Au tintin de nos verres;
Chantons ce tintin
Divin.

TRINQUONS, AMIS, TRINQUONS.

AIR *de la béquille du père Barnaba.*

TRINQUONS, amis, trinquons,
Buvons tous à la ronde;
Car lorsque nous buvons
Tout est bien dans ce monde:

Qu'un bon Neusirien vante
Du cidre les vertus,
C'est le vin que je chante,
Et mon dieu, c'est Bacchus.

On cite avec honneur
L'âge d'or de nos pères;
Mais pour nous le bonheur
Se trouve au fond des verres.
Vainement l'on nous vante
Le siècle de Janus;
C'est le vin que je chante,
Et mon dieu, c'est Bacchus.

Laissons les potentats,
D'après l'usage antique,
Gouverner les états
Selon leur politique:
Qu'en extase l'on vante
Leurs puissans attributs;
C'est le vin que je chante,
Et mon dieu, c'est Bacchus.

Amis de la grandeur,
Suivez votre fantôme;
Vous flairez le bonheur,
Heureux s'il vous embaume!

Quand fortune inconstante
Me brouille avec Plutus,
C'est le vin que je chante,
Et mon dieu, c'est Bacchus.

Des lauriers d'Apollon
Je ne suis plus avide;
Ma muse, à l'abandon,
A la tête un peu vide:
Son onde transparente
Ne vaut pas ce doux jus;
C'est le vin que je chante,
Et mon dieu, c'est Bacchus.

Les amours au printems
Trouvent peu de rebelles,
Et mes vers, à vingt ans,
Ne s'adressaient qu'aux belles :
Volant sur mes cinquante,
N'en déplaise à Vénus,
C'est le vin que je chante,
Et mon dieu, c'est Bacchus.

---

*

VRAIMENT, C'EST LE VIN QUE JE CHANTE,

OU

LE VIN ET L'AMITIÉ.

AIR : *C'est le train train (bis)*
De mon verre et de ma bouteille.

AUTREFOIS j'ai chanté l'Amour,
Il était mon dieu tutélaire;
Je le célébrais chaque jour,
A la beauté je voulais plaire.
Amis, vous êtes convaincus
Que la treille aujourd'hui m'enchante,
Et chez Comus, avec Bacchus,
Vraiment, c'est le vin que je chante.

Versez-moi donc de ce nectar,
Sur-tout versez à tasse pleine;
De Bacchus suivant l'étendart,
Je la viderai d'une haleine.
Amis, vous êtes convaincus, etc.

Lorsque je suis dans un repas,
Assis auprès d'une brunette,
Je prends, pour lorgner ses appas,
Un verre au lieu d'une lunette.
Amis, vous êtes convaincus, etc.

Dans le hameau, plein de gaîté,
Au bocage et sur la fougère,
Je bois encore à la santé
D'une jeune et gente bergère.
Amis, vous êtes convaincus, etc.

Bien que j'estime les guerriers,
Je n'adopte pas leur manière;
Ils ceignent leurs fronts de lauriers,
Le mien se couronne de lierre.
Amis, vous êtes convaincus, etc.

Fils d'Apollon, pour mes couplets,
Si votre dieu n'est point sévère,
Pour rendre mes plaisirs complets,
Hâtez-vous de remplir mon verre.
Amis, vous êtes convaincus, etc.

Avant que le Tems, sans pitié,
Unisse les effets aux causes,

Je rends hommage à l'Amitié,
Dont j'ai souvent cueilli les roses.
Amis, vous êtes convaincus
Qu'avec vous l'amitié m'enchante,
Et chez Comus, avec Bacchus,
C'est bien l'Amitié que je chante.

LE VERRE EN MAIN.

AIR : *Comme Zéphir.*

Le verre en main,
Toujours treille
Et bouteille
Sont le refrein
Qui bannit le chagrin.
Lorsque Vulcain
Surprit avec sa femme,
Ce dieu taquin,
Qui faisait le faquin;
De l'accident,
Quoique fâché dans l'ame,
Tout en chantant,
Il prit au même instant

Le verre en main.
Toujours treille
Et bouteille
Sont le refrein
Qui bannit le chagrin.

Le vieux Caton,
L'ennemi de Carthage,
Dont l'âpre ton
Eût foudroyé Pluton,
N'ignorant pas
Du bon vin l'avantage,
Dans un repas
Lui trouvait mille appas !

Le verre en main, etc.

Anacréon,
Épicure, Aristippe,
Trio luron,
Qui toujours était rond;
Du vrai bonheur
Votre exemple est le type,
Et de bon cœur
Je prends en votre honneur

Le verre en main, etc.

Amis, chantons
Le bon jus des vendanges;
Trinquons, buvons,
Au bruit de nos chansons:
Nous nous croirons
Plus heureux que les anges;
Nous le serons
Tandis que nous tiendrons
Le verre en main.
Toujours treille
Et bouteille
Sont le refrein
Qui bannit le chagrin.

LE SANS-SOUCI.

Air : *Gaîment je m'accomode de tout.*

Laissant la politique
Aux grands,
Avec l'orgueil antique
Des rangs,

Dans ma simple chaumière,
Désir
Écrit sur ma bannière :
Plaisir.

Aux champs comme à la ville,
Bacchus
Trouve dans mon asile
Vénus ;
Le chagrin ne s'y montre
Jamais ;
L'allégresse y rencontre
La paix.

Plus heureux, je le jure,
Qu'un roi,
J'observe d'Épicure
La loi :
D'une ivresse constante
Èpris,
J'aime, je bois, je chante,
Je ris.

LA SENTINELLE DE BACCHUS.

Air *de la Sentinelle.*

L'Astre du jour, de mille rayons d'or,
Lançait les feux sur nos treilles fleuries,
Le verre en main le jeune et beau Lindor,
Ainsi chantait ses délices chéries :
« Zéphir qui souffle sous l'ormeau,
Va dire aux filles de Mémoire
Qu'aujourd'hui je veille au hameau (*bis.*)
Pour chanter, et sur-tout pour boire. » (*bis.*)

Aux doux glougloux du nectar bourguignon,
Je me recueille, et j'avale en silence;
Puis inspiré, mieux qu'aux bords du *Lignon*,
Je chante alors avec plus d'assurance :
« Zéphir qui souffle sous l'ormeau, etc.

Puissai-je un jour, à la fin d'un repas,
Subir l'arrêt de la Parque sévère !
Qui chante et boit sait braver le trépas;
Mais si je meurs à côté de mon verre,

« Zéphir qui souffle sous l'ormeau,
Va dire aux filles de Mémoire
Qu'avant de mourir, au hameau, (*bis*)
Je chantais : « Versez-donc à boire. » (*bis*).

LE MYRTE ET LA VIGNE.

Air : *Jeunes filles, jeunes garçons.*

Aimables enfans de Bacchus,
Vous qui banissez l'humeur noire,
Ajoutez au plaisir de boire
Celui que vous offre Vénus :
De vous plaire il est digne;
Que chacun ait son tour;
Unissez, en ce jour,
Le myrte de l'amour
A la vigne. (*bis*).

Quand Noé vit de l'univers
Noyer les habitans infâmes;
Quand lui, ses trois fils et leurs femmes
Régnaient sur de vastes déserts,
Dieu leur dit par un signe :

« Répeuplez ce manoir. »
Doutant de son pouvoir,
Noé mit son espoir
Dans la vigne. (*bis*).

Les filles de Loth, avec lui,
Au fond d'une sombre caverne,
A la lueur d'une lanterne,
Veulent du monde être l'appui :
Le bon vieillard rechigne;
Il est froid et perclus;
Mais il n'hésite plus
Quand il a pris du jus
De la vigne. (*bis*).

Par Thésée, ingrat, tout à coup
Ariane est abandonnée;
Bacchus trouvant l'infortunée,
Avec elle veut boire un coup :
Cette faveur insigne
Lui réjouit le cœur,
Et son consolateur
Est bientôt son vainqueur
Dans la vigne. (*bis*.)

Buvons donc ce nectar divin!
L'amant, sans cesser d'être tendre,

Près de la beauté peut s'étendre
Sur les qualités du bon vin :
La critique maligne
A tort ferait du bruit,
Car si l'amour nous fuit,
Il nous reste le fruit
De la vigne. (*bis*).

V'LA C'QUE C'EST
QU'LA FÊT' DES ROIS.

AIR : *V'là c'que c'est qu' d'aller aux bois.*

DE Comus réclamer les droits,
V'là c'que c'est qu'la fêt' des rois;
Avec des amis de son choix,
Manger la galette,
Puis à sa poulette
Glisser la fève en tapinois,
V'là c'que c'est qu'la fêt' des rois.

Glisser la fève en tapinois,
V'là c'que c'est qu'la fêt' des rois;
Puis s'écrier tous d'une voix,

Quand la tasse est pleine:
Vive notre reine!
Souper comme de bons bourgeois,
V'là c'que c'est qu'la fêt' des rois.

Souper comme de bons bourgeois,
V'là c'que c'est qu'la fêt' des rois;
Manger poulets, dindons, anchois,
La fine salade
A la rémoulade;
De la gaîté suivre les lois,
V'là c'que c'est qu'la fêt' des rois.

De la gaîté suivre les lois,
V'là c'que c'est qu'la fêt' des rois;
Boire six coups au lieu de trois,
Chanter les merveilles
Du bon jus des treilles;
Sabler sur-tout le champenois,
V'là c'que c'est qu'la fêt' des rois.

LE ROI DE LA FÊVE.

Air de la Catacoua.

CHANTONS, dans ce jour d'allégresse,
Celui que la fêve a fait roi;
Jurons-lui que, dans notre ivresse,
Nous serons soumis à sa loi :
De nous commander il est digne,
Puisqu'il sait boire à verre plein;
Sait mettre en train
Joli refrein;
Offre en chantant ses vœux au dieu du vin,
Et croit avec nous que la vigne
Est le soutien du genre humain.

Si Cupidon, troublant sa tête,
Allait lui mettre son bandeau;
Si le monarque, en cette fête,
Pour du vin nous versait de l'eau,
Chacun, en retirant son verre,
Au même instant s'insurgerait :
On parlerait,
On agirait,

Indépendant on se déclarerait :
Tout au tyran ferait la guerre;
Enfin, on le détrônerait.

Mais ce n'est qu'une vaine crainte;
Car dans l'empire de Bacchus,
Du tendre amour la douce étreinte
Se puise au fond du divin jus;
Et quand cent mille rois vont boire,
L'univers en chœur chantera;
Chacun rira,
Applaudira;
Le verre en main gaîment on s'écriera :
Le roi boit! partageons sa gloire;
Le roi boit! son peuple boira.

CHANTONS BACCHUS.

AIR : *Lison dormait dans un bocage.*

QUAND nous avons tant de bouteilles
Encor pleines d'excellent vin,
Chers favoris du dieu des treilles,
Prenons tous le verre à la main.
En sablant un jus délectable,

Par qui les chagrins sont vaincus,
    Chantons Bacchus, (*bis*)
Et songeons que, de cette table,
    Toujours Momus (*bis*)
Nous guide au temple de Vénus.

Qu'aux nouveaux Midas, Plutus ouvre
Son temple où tout se change en or;
Préférons le chaume qui couvre
La gaîté, notre seul trésor.
En sablant, etc.

Laissons aux héros des conquêtes
Qui leur causent tant de tourmens :
Gloire et valeur sont deux coquettes
Qui souvent trompent leurs amans.
En sablant, etc.

Vous savez que la jalousie
Du monde est l'un des grands fléaux;
Amans de Laure et d'Aspasie,
Trinquez, même avec vos rivaux.
En sablant, etc.

Le riche poids d'une couronne
Étouffe en naissant les plaisirs,
Et le monarque, sur son trône,
Comme un autre a de vains désirs.
En sablant, etc.

D'Anacréon et d'Épicure,
Les dieux habitent ce séjour ;
C'est sur leur autel que je jure
De boire et d'aimer tour à tour.
En sablant un jus délectable,
Par qui les chagrins sont vaincus,
Chantons Bacchus, (*bis*)
Et songeons que de cette table,
Toujours Momus (*bis*)
Nous guide au temple de Vénus.

LA DOCTRINE
DES ENFANS DE BACCHUS.

AIR : *Nous n'avons qu'un tems à vivre.*

Qu'UNE morale sévère
Ne brouille plus nos cerveaux ;
C'est en buvant à plein verre
Que nous oublions nos maux.
En vain on nous fait peur du diable ;
Le seul diable est l'hôte maudit
Qui, sur un couplet impayable,
D'un *canon* ne fait pas crédit.
Qu'une morale sévère, etc.

Le bonheur dans une autre vie
Attend le mortel bienfaisant :
Ce bonheur futur fait envie ;
Mais faut-il quitter le présent ?
Qu'une morale sévère, etc.

Le vin peut rendre un buveur juste,
Car la vérité vient d'abord
Lui découvrir son front auguste,
Quand il a pris un rouge-bord.
Qu'une morale sévère, etc.

L'eau rend l'homme triste et morose;
Il s'ennuie, il est ennuyeux :
Le vin lui montre tout en rose;
Tout va bien quand on est joyeux.
Qu'une morale sévère, etc.

Le buveur, par reconnaissance,
Chante les bienfaits de Bacchus :
Bacchus est le dieu qu'on encense ;
L'âme du monde est dans son jus.
Qu'une morale sévère, etc.

Oui, quand cette liqueur insigne
Dans mon cœur porte la gaîté,
Un lien de pampres de vigne
M'enchaîne à sa divinité.

Qu'une morale sévère
Ne brouille plus nos cerveaux ;
C'est en buvant à plein verre
Que nous oublions nos maux.

L'ENFANT DE LA JOIE.

AIR *de la petite Savoyarde.*

Toujours
Avec les amours,
En passant mes jours,
Je veux rire et boire;
Pour moi,
Plus heureux qu'un roi,
C'est-là, sur ma foi,
La bonne loi.

Je trouve dans ton jus:
Divin Bacchus,
Avec mémoire,
Vigueur, esprit, gaîté,
Félicité
Et volupté.
Toujours, etc.

Ma bouche, de Cypris,
Auprès d'Iris,
Chantant la gloire,
Savoure la liqueur
Qui, de son cœur,
Me rend vainqueur.

Toujours, etc.

Nargue du noir chagrin
Est mon refrein;
Nouveau *Grégoire*,
J'égale au tems qui fuit,
L'astre qui luit,
La sombre nuit.

Quand, près du vieux Caron,
De l'Achéron,
Sur l'onde noire,
Mon ombre voguera,
Elle boira
Et chantera :

Toujours
Avec les amours,
En passant mes jours,
Je veux rire et boire;

Pour moi,
Plus heureux qu'un roi,
C'est-là, sur ma foi,
La bonne loi.

LES QUATRE COUPS,

OU

LA MANIE DE BOIRE,

Parodie de *la Manie de chanter.*

AIR : *On chante au village, à la ville.*

A la ville, ainsi qu'au village,
On boit la liqueur de Bacchus;
Partout le vin a l'avantage,
Et les buveurs d'eau sont vaincus.
Heureux qui peut, comme Grégoire,
Sur le banc, ferme comme un roc,
En quatre coups boire, (*ter.*)
Son petit broc.

L'homme opulent chez lui se grise;
L'auteur ne boit qu'au cabaret;
Le prêtre, jusque dans l'église,
Boit du vin, épais ou clairet.
Heureux qui peut, comme Grégoire, etc.

Sous les drapeaux de la victoire,
Souvent le guerrier boit du vin ;
Il puise l'amour de la gloire
Au fond du breuvage divin.
Heureux qui peut, comme Grégoire, etc.

En sablant le jus de la treille,
On fait les plus belles chansons ;
Pour nos *Amphions*, la bouteille
Est la source des joyeux sons.
Heureux qui peut, comme Grégoire, etc.

L'amour ne me plaît et m'amuse
Qu'en me versant de ce doux jus,
Et c'est en buvant que ma muse
Offre ces couplets à Bacchus.
Heureux qui peut, comme Grégoire,
Sur le banc, ferme comme un roc,
En quatre coups boire, (*ter.*)
Son petit broc.

LE CHANT DES VENDANGES.

Air : *Aussitôt que la lumière.*

Ou *de la Fanfare de Saint-Cloud.*

Adieu prés, adieu verdure ;
Chaque arbre a porté son fruit :

Dans l'ordre de la nature,
Avec Cérès l'été fuit.
Quittant nos vergers, Pomone
Prend son essor vers les cieux;
Et je vois, avec l'automne,
Bacchus s'offrir à mes yeux.

Que tu remplaces bien Flore,
Aimable dieu du raisin!
Lorsque ton fruit se colore,
L'homme bénit son destin.
Oui, quand la terre féconde
Produit ce riche trésor,
L'automne offre encore au monde
Les plaisirs de l'âge d'or.

Reviens donc, saison aimable,
Nous combler de tes faveurs,
Et nous ferons d'une table
L'autel du dieu des buveurs :
Des berceaux couverts de treilles
Serviront de reposoirs ;
Des litres et des bouteilles
Nous tiendront lieu d'encensoirs.

Pour célébrer les louanges
Du plus gai de tous les dieux,
Qu'ici le *Chant des Vendanges*
Retentisse jusqu aux cieux;

Et pour que l'humeur chagrine
N'approche pas des hameaux,
Dans la liqueur purpurine
Trempons tous nos chalumeaux.

Le seul bonheur sur la terre
Est de boire ou bien d'aimer ;
Quand j'ai du vin dans mon verre,
Je sens mon cœur s'enflammer :
L'indifférent se réveille
En sablant ce divin jus ;
Souvent l'Amour sous la treille
Dut son triomphe à Bacchus.

LE JOUR DÉSIRÉ,

OU

LA FÊTE DU HAMEAU.

AIR : *En revenant de Bâle, en Suisse.*

VOICI le jour cher aux bergères,
Car c'est le jour de la beauté ;
Pour la fêter, prenons nos verres,
Et buvons tous à sa santé.
  La liqueur vermeille
  Augmente nos feux ;
  Le myrthe et la treille
  Couronnent nos vœux.

Par nous les parques peu cruelles
Filèrent les plus doux instans,
Et nos bergères, toujours belles,
Ont suspendu le vol du Tems.
La liqueur vermeille, etc.

On ne sait jouir de la vie
Que quand on adore nos Dieux;
Avec la bouteille et Sylvie,
Le bonheur se trouve en tous lieux.
La liqueur vermeille, etc.

Des vallons la fraîche rosée,
Des oiseaux les tendres accords,
Nous font jouir de l'Elysée
Avant d'aller aux sombres bords.
La liqueur vermeille, etc.

Prêtant une oreille attentive
Aux doux sons de nos chalumeaux,
Lorsque la pastourelle vive
En avant met un pied dispos.
La liqueur vermeille, etc.

Au hameau, tout est jouissance,
Chaque plaisir vient à son tour;
Les chansons réveillent la danse,
La gaîté ramène l'amour.

La liqueur vermeille
Augmente nos feux ;
Le myrthe et la treille
Couronnent nos vœux.

LES PLAISIRS DE L'AUTO

AIR : *Fou qui se marie.*

CÉLÉBRONS l'automne,
Aimons et buvons ;
Quand nous voyons remplir la tonne,
Buvons et chantons.
Aux vignes, Bacchus,
L'Amour et Vénus
Se sont rendus.
Célébrons l'automne, etc.

A l'ombre des treilles,
Je vois Cupidon ;
Près de lui des nymphes vermeilles
Sont à l'abandon :
A mes yeux surpris,
Les jeux et les ris
Offrent Cloris !
A l'ombre des treilles, etc.

Comme elle est charmante,
Dit l'Amour d'abord;
Pour trinquer avec ton amante,
Prends un rouge-bord;
Le plaisir, ce soir,
T'attend au pressoir;
Tu pourras voir
Comme elle est charmante, etc.

La cuve est remplie,
Chacun veut fouler;
Bientôt de la grappe amollie
Le jus vas couler:
Tout en fermentant,
Tout en bouillonnant,
En écumant;
La cuve est remplie, etc.

Buvons sans réserve
De ce jus divin;
Pour que la gaîté se conserve,
Il lui faut du vin.
Près de nos tendrons,
En bons vignerons,
Nous chanterons:
Buvons sans réserve
De ce jus divin;
Pour que la gaîté se conserve,
Il lui faut du vin.

LES SOMBRES ENNUIS SONT VAINCUS.

Air : *Plus on est de fou, plus on rit.*

Du bonheur atteignant le faîte,
Content au moins comme des rois,
Des Rois, amis, faisons la fête,
Et du plaisir suivons les lois :
Quand pour trinquer, chanter et rire,
La beauté s'unit à Bacchus,
La gaîté reprend son empire,
Les sombres ennuis (*bis*) sont vaincus ;
Les sombres ennuis sont vaincus, (*bis*)

En sablant un vin délectable
Au milieu des jeux et des ris,
Nous voyons les grâces à table
Et d'amour nous sommes épris :
Qu'à son épouse, à son amante,
Chacun en versant le doux jus,
S'écrie : ah! l'union charmante !
Les sombres ennuis (*bis*) sont vaincus.
Quand pour trinquer, etc.

Tout concourt à son allégresse,
Amis, que voulons nous de plus?
De l'amitié, de la tendresse,

C'est chez nous que sont les élus.
Aujourd'hui, on soupe en famille,
La folie est avec Comus;
Sur tous les fronts la gaîté brille :
Les sombres ennuis (*bis*) sont vaincus.
Quand pour trinquer, etc.

Sur un point qu'ici l'on s'accorde
A former les mêmes désirs;
Empêchons tous que la discorde
Ne viennent troubler nos plaisirs;
Des maux que sa présence apporte,
Puisque nous sommes convaincus,
Elle doit rester à la porte :
Les sombres ennuis (*bis.*) sont vaincus.

Quand pour trinquer, chanter et rire
La beauté s'unit à Bacchus,
La gaîté reprend son empire;
Les sombres ennuis (*bis.*) sont vaincus,
Les sombres ennuis sont vaincus. (*bis.*)

FIN.

www.ingramcontent.com/pod-product-compliance
Ingram Content Group UK Ltd.
Pitfield, Milton Keynes, MK11 3LW, UK
UKHW020333180726
13839UKWH00002B/694

9 782329 171678